BEI GRIN MACHT SICH IHR WISSEN BEZAHLT

AF148303

- Wir veröffentlichen Ihre Hausarbeit,
  Bachelor- und Masterarbeit

- Ihr eigenes eBook und Buch -
  weltweit in allen wichtigen Shops

- Verdienen Sie an jedem Verkauf

Jetzt bei www.GRIN.com hochladen und kostenlos publizieren

Bibliografische Information der Deutschen Nationalbibliothek:

Die Deutsche Bibliothek verzeichnet diese Publikation in der Deutschen National-
bibliografie; detaillierte bibliografische Daten sind im Internet über http://dnb.d-
nb.de/ abrufbar.

Dieses Werk sowie alle darin enthaltenen einzelnen Beiträge und Abbildungen
sind urheberrechtlich geschützt. Jede Verwertung, die nicht ausdrücklich vom
Urheberrechtsschutz zugelassen ist, bedarf der vorherigen Zustimmung des Verla-
ges. Das gilt insbesondere für Vervielfältigungen, Bearbeitungen, Übersetzungen,
Mikroverfilmungen, Auswertungen durch Datenbanken und für die Einspeicherung
und Verarbeitung in elektronische Systeme. Alle Rechte, auch die des auszugsweisen
Nachdrucks, der fotomechanischen Wiedergabe (einschließlich Mikrokopie) sowie
der Auswertung durch Datenbanken oder ähnliche Einrichtungen, vorbehalten.

Impressum:

Copyright © 2014 GRIN Verlag, Open Publishing GmbH
Druck und Bindung: Books on Demand GmbH, Norderstedt Germany
ISBN: 978-3-656-63871-1

Dieses Buch bei GRIN:

http://www.grin.com/de/e-book/271402/e-learning-planung-durchfuehrung-und-
evaluation

Jessica Pudelko

E-Learning. Planung, Durchführung und Evaluation

Lernprogramm zum Thema "Empfehlungen zum Umgang herausfordernden Verhaltens bei Menschen mit Demenz"

GRIN Verlag

GRIN - Your knowledge has value

Der GRIN Verlag publiziert seit 1998 wissenschaftliche Arbeiten von Studenten, Hochschullehrern und anderen Akademikern als eBook und gedrucktes Buch. Die Verlagswebsite www.grin.com ist die ideale Plattform zur Veröffentlichung von Hausarbeiten, Abschlussarbeiten, wissenschaftlichen Aufsätzen, Dissertationen und Fachbüchern.

Besuchen Sie uns im Internet:

http://www.grin.com/

http://www.facebook.com/grincom

http://www.twitter.com/grin_com

**Reflektierende Dokumentation über die Planung ,
Durchführung und Evaluation von E-Learning**

Lernprogramm zum Thema „Empfehlungen zum Umgang
herausfordernden Verhaltens bei Menschen mit Demenz"

angefertigt im BA Bildungswissenschaft

an der FernUniversität in Hagen

von

Jessica Pudelko

Vorgelegt am 27.01.2014

Inhaltsverzeichnis

1.   Einleitung

Diese Hausarbeit ist eine reflektierende Dokumentation zum geleisteten Praktikum im Modul 3B im Studiengang B.A. Bildungswissenschaften. Ziel dieser re-
flektierenden Dokumentation ist es, die Erfahrungen innerhalb des Praktikums mit
seinen theoretischen und praktischen Elementen der Bildungswissenschaft zu ver-
einen und die eigene Einschätzung bezüglich der geleisteten Tätigkeiten zu reflektieren und kritisch zu hinterfragen. Das Praktikum wurde im Altersheim geleistet.
Durch den demografischen Wandel, der sich durch eine alternde Gesellschaft ab-
zeichnet, verstärkt sich die Wichtigkeit der Aus - und Weiterbildung immer mehr
auf den Dienstleistungssektor. Auf Grund dieser Problematik entstand die Projektidee eines E-Learning Programms, als Weiterbildungsmaßnahme. Die Aufgabe
innerhalb des Praktikums beinhaltete die Planung, Konzipierung, Durchführung
und Evaluation eines E-Learning Programms zum Thema „Empfehlungen zum
Umgang mit herausforderndem Verhalten bei Menschen mit Demenz". Im Verlauf
dieser Dokumentation wird der gesamte Ablauf des zu realisierenden Projektes
von der Planung bis zur Evaluation in einer vollständigen Handlung beschrieben
und in einen theoretischen Rahmen gebettet. Das abschließende Fazit reflektiert
nochmal die Entstehung einer bildungswissenschaftlichen Profession hinsichtlich
des geleisteten Praktikums.

2. Praktikumsstelle

Das Praktikum wurde in einem Altersheim absolviert. Die Institution gehört einer Stiftung an, die mehrere Altersheime, aber auch Krankenhäuser, Wohnheime und Werkstätten für Behinderte führt und zudem eine Akademie für Forschung, Lehre und Ausbildung besitzt. Durch einen Nebenjob der dort von mir ausgeübt wird, ist mir das Altersheim bekannt und durfte dort auch das Praktikum ableisten. Als Projekt wurde die Erstellung eines E-Learning Programms in Auftrag gegeben, das als Inhalt Empfehlungen zum Umgang mit herausforderndem Verhalten bei Menschen mit Demenz beinhalten sollte. Um die Institution besser kennen zu lernen und sich intensiver mit dem Thema Demenz zu beschäftigen und Beobachtungen zu tätigen wurde an der Beschäftigung des Sozialen Dienstes teilgenommen. Dort wurde dann Gedächtnistraining, Bewegungstraining, singen und vorlesen zum größten Teil angeboten. Zwischenzeitlich fanden Gespräche mit dem sozialen Dienst und dem Pflegepersonal statt um die Methoden, demenzkranke den Alltag zu verschönern, zu eruieren. In Absprache mit dem Pflegepersonal und der Heimleitung wurden dann die Methoden und die Struktur des E-Learning Programms entwickelt. Durch Beobachtungen im täglichen Arbeitsablauf wurde deutlich, dass häufig Praktikanten oder junge Leute die ein Freiwilliges soziales Jahr in diesem Altersheim absolvieren, kaum bis gar keine Erfahrungen mit Demenzkranken Menschen haben. Es bot sich die Möglichkeit, in Absprache mit der Hausleitung ein E-Learning Programm zu planen und zu konzipieren. Ziel des E-Learning Programms sollte sein, die ersten Ängste und Schwierigkeiten in der Arbeit mit Demenzkranken Menschen zu erleichtern, sowie für mehr Verständnis für ihr herausforderndes Verhalten zu sorgen. Dieses Lernprogramm wurde anschließend im Intranet angeboten, damit die Mitarbeiter und Praktikanten ständig Zugang zu dem multimedialen Lernprogramm haben. Im Laufe des Projektes wurde abschließend an das Lernprogramm ein Online-Fragebogen aufgeführt um das erstellte Lernprogramm zu evaluieren. Stetiger Ansprechpartner im Laufe des Projektes war die Hausleitung.

3. Bildungstheoretische Rahmung

Das Projekt muss als erstes geplant werden, um es im nächsten Schritt durchzuführen, dann zu implementieren und es zuletzt zu evaluieren. Voraussetzung für das E-Learning Programm war ein Computer mit Internetverbindung, der für die Mitarbeiter zugänglich ist. Die Bildungstheoretische Rahmung zeigt den bildungswissenschaftlichen Bezug des geplanten Projektes.

3.1 Planungsmodell R2D2

Als Planungsmodell wurde das konstruktivistische Planungsmodell R2D2 von Jerry Willis gewählt. „Die Bezeichnung R2D2 steht für rekursiv und reflektiert, Design und Development". Es zeichnet sich durch eine Annäherung des Ziels aus. Es ist im Gegensatz zu den traditionellen Planungsmodellen ein iterativer statt linearer Prozess. Die Planungsstufen der Entwicklung und Planung werden mehrmals durchlaufen. Lernziele verändern sich stetig im Laufe des Prozesses. Es gibt drei Fokussierte Punkte die bei der Planung essentiell sind:

1. Fokus auf Analyse (Bedarfsanalyse, Analyse von Tätigkeiten und Lerninhalten, Analyse von Lernenden und Lernumwelt)

2. Fokus auf Design und Entwicklung (Medienwahl, Aufbau der Entwicklungsumgebung, Produktgestaltung und -umsetzung, Prototyp – Entwicklung, formative Evaluation)

3. Fokus auf Einführung und Durchführung (Erstellung des Endprodukts, Einführung, Schulung, Wartung, Verbesserung)
(Kerres, M., 2012, S.211).

Dieses Planungsmodell wurde gewählt, da der Konstruktivistische Ansatz den Fokus auf die Eigenaktivität des Lernenden mit dem Lerngegenstand setzt (Jost, MB, Mumma, P. & Willis, J. (1999). R2D2: Eine konstruktivistische / Interpretivist Instructional Design Modell. In J. Price et al. (Hrsg.), *Proceedings der Socie-ty for Information Technology & Teacher Education International Conference 1999* (S. 1489-1494). Chesapeake, VA: AACE. Abgerufen 23. Januar 2014 von http://www.editlib.org/p/8201). Durch den Prozess der Bedarfsanalyse wurde er-sichtlich, dass die Zielgruppe neue Mitarbeiter wie Praktikanten oder Jahresprakti-kanten des Freiwilligen sozialen Jahres sind. Durch Beobachtungen im Arbeitsall-tag wurde das Problem ersichtlich, dass dieser Mitarbeiterkreis häufig Unsicher-heiten im Umgang mit Menschen mit Demenz aufweisen. Insbesondere bei Auf-treten von herausforderndem Verhalten der Bewohner. Somit wurde als Lernziel mehr Handlungskompetenz im Umgang mit Menschen mit Demenz und ein Ba-siswissen über Demenz und die dazugehörigen Methoden festgelegt. Da die Ler-nenden über wenig Vorwissen bezüglich Demenz verfügen, sollte der Lerninhalt Schrittweise gesteigert werden, jedoch eher einen Überblick verschaffen und nicht zu sehr auf Expertenwissen aus sein. Die Lernumgebung sollte einfach, seriös und übersichtlich gestaltet sein, dem Thema entsprechend und jederzeit zugänglich sein.

3.2   Medienwahl: eXelearning

Bei der Frage der Medienwahl fiel die Entscheidung auf ein E-Learning Pro-gramm, dass jederzeit zugänglich ist, da die Zielgruppe zu unterschiedlichen Zei-ten das Programm benötigt. Die Einstellung von Praktikanten erfolgt ganzjährig. Zudem wurde E-Learning soweit bekannt, in dieser Institution noch nicht Ange-boten, deshalb war das Interesse groß, inwiefern E-Learning akzeptiert wird und auch gewünscht wird. Hinzukommt, dass die Zielgruppe des Projektes jede Alters-schicht abdeckt und daher eine gewisse Sicherheit im Umgang mit Computern, zur Nutzung des E-Learning Programms, von Vorteil ist. Zur Gestaltung der Ler-numgebung wurde im Internet nach einem passenden Open Source Programm ge-sucht. Durch Bewertungen anderer Nutzer hinsichtlich der Handhabung und Ge-staltungsmöglichkeiten, wurde das Programm eXelearning gewählt. Es stehen ei-nem verschiedene Layouts zur Verfügung, zwischen denen man Wählen kann, ebenso kann man aus einem Pool von iDevices wählen, um sein E-Learning Pro-gramm zu gestalten und zu entwickeln. Beispielsweise, ob man einen freien Text hinzufügen möchte oder Multiple Choice Fragen erstellen will. Durch diese Vorauswahl von Möglichkeiten wurde die Gestaltung des E-Learning Programms nach einer gewissen Eingewöhnungszeit wesentlich vereinfacht, da für Menschen mit wenig IT-Kenntnissen eine solche Erstellung eines E-Learning Programms schwer zu bewerkstelligen ist.

3.3 Cognitive Apprenticeship

Zur Erstellung einer Lernumgebung wird ein didaktisches Design benötigt, damit man anhand dessen die Lernumgebung aufbauen kann. In diesem Fall ist es das Instruktionsdesign Cognitive Apprenticeship. Es zeichnet sich dadurch aus, dass der Lehrende mit der Zeit seine Hilfestellung bezüglich Aufgaben zurücknimmt bis der Lernende ohne Hilfe des Lehrenden Aufgaben löst und die Aufgaben und der Lerninhalt von einfach zu immer komplexeren steigt. Da die Zielgruppe wenig Vorwissen mitbringt und das Ziel ist, dass sie die vermittelten Inhalte und Methoden im Umgang mit den Bewohnern beherzigen und wenigstens teilweise anwenden erschien das Cognitive Apprenticeship als die geeignete Didaktik (Lehmann, 2007, S.17-18). Zuvor wurde das Anchored Instruction als mögliches Modell in Betracht gezogen, jedoch schien es eher unpassend, da es vor allem mit Problemsituationen arbeitet, so genannten „Ankern" an denen sich die Lernenden besser orientieren können und realistische Kontexte, die aktive Wissenskonstruktion anregen (Lehmann, 2007, S.15-16). Da wir aber Primär ein Grundwissen über die Krankheit Demenz mit anschließender Vertiefung zum Umgang mit herausforderndem Verhalten erreichen wollten, bot sich das Cognitive Apprenticeship eher an. Durch die langsame Heranführung an das Thema mit steigernden Aufgaben und abnehmender Unterstützung erschien es für die Zielgruppe passender zu sein. Denkbar wäre das Anchored Instruction für eine Vertiefung des Themas, wenn schon Grundwissen über Demenz und herausforderndes Verhalten vorhanden ist. Nachdem die Didaktik nach der das Lernprogramm konzipiert werden sollte fest stand, wurden Informationen zum Thema Demenz, herausforderndem Verhalten und die dazugehörigen Methoden aus einschlägiger Fachliteratur gesichtet. Auch eine Medienauswahl wurde getroffen. Mehrere unterstützende Applikationen und zwei Videos wurden in das Lernprogramm integriert. Die Videos zeigen einmal grundsätzlich ein Altersheim mit demenzkranken und dem Personal und dann die Methode der Validation. Das erste Video soll als erste Identifikation mit der eigenen Arbeitssituation und der Arbeitsumgebung dienen. Da verstärkt auf das Thema Validation in dem Lernprogramm eingegangen wird, stellt das zweite Video eine gute Hilfestellung dar, um die Vorgehensweise und Gegenreaktion von Validation zu erfassen. Die einzelnen Applikationen sollen die Methoden verdeutlichen und bestenfalls als Erinnerungsbrücken den Lernenden im Gedächtnis bleiben. So ist beispielsweise für die Methode Erinnerungsarbeit eine Uhr abgebildet oder zur Bewegungsförderung ein laufender Mensch mit einer Herzfrequenz im Hintergrund zu sehen. Das einsetzen der Applikationen verlief zügig, jedoch dauerte das einsetzen der Videos eine gewisse Zeit, da sie eine falsche Formatierung hatten und gewisse Plug-ins zum abspielen der Videos fehlten. Die Gestaltung der Informationstexte war simpel und das einfügen von Wikipedia texten für Definitionen verlief Problemlos. Das erstellen der Multiple Choice Fragen und den verdeckten Antworten, sowie Fallbeispielen mit verdeckten Feedback gelang auch schnell, jedoch wurden bei der Kontrolle des Lernprogramms immer wieder Lernaufgaben hinzugefügt oder abgeändert. Eine sinnvolle Strukturierung der Themen mit Unterpunkten wurde immer wieder bearbeitet,damit eine sinnvolle und klare Gliederung für die Lernenden entstehen konnte. Abschließend fehlte noch eine Online Umfrage, zur Evaluierung des E-Learning Programms. Durch viele Programme die im Internet Angeboten werden, wurde auf der Seite www.UmfrageOnline.com mit Hilfe des Studentenstatus und einer Registrierung auf der Website eine Umfrage zur Handhabbarkeit, Layout, Weiterempfehlung und weitere Fragen erstellt. Das Layout wurde in einem schlichten grün gehalten, sodass keine große Ablenkung durch Verschiedene Farben entstehen kann. Somit war der Prototyp des Lernprogramms fertig. Für eine hinreichende formative Evaluation fehlte die Zeit. Dies ist eher bei Projekten mit größerer Zeitspanne effektiv. Anschließend wurde das Lernprogramm mit Hilfe der Option des exportierens auf einen Selbstschreibenden Ordner verlegt, um es dann mit Hilfe einer Website zu öffnen.

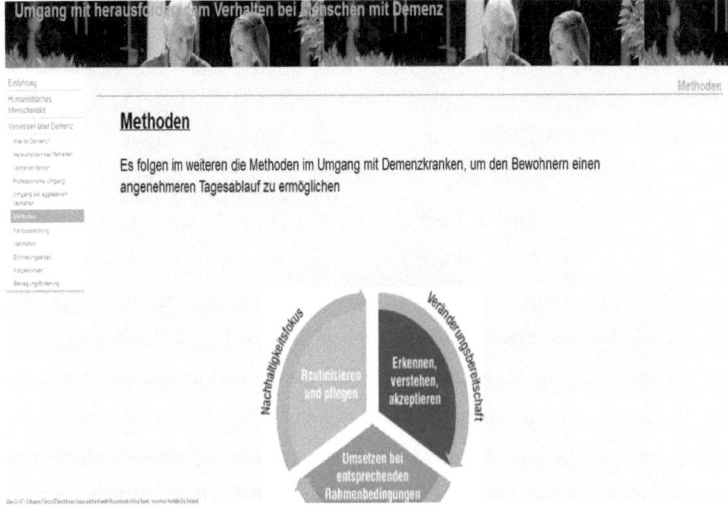

Abb.1: Ausschnitt aus dem Projekt der Erstellung eines Lernprogramms

3.4 Implementation

Die Implementation des E-Learning Programms erfolgte nach Absprache mit der Heimleitung. Zuvor wurde das Programm ausführlich von der Heimleitung gesichtet, um es auf die Nutzbarkeit und Richtigkeit der verwendeten Inhalte zu überprüfen. Nach einer positiven Abnahme wurde das E-Learning Programm über das Intranet des Altersheimes zugänglich gemacht. Negativ bei der Einführung war, dass man das Lernprogramm nicht direkt über einen einzelnen Icon auf dem Desktop öffnen konnte. Hierzu musste man den Ordner, in dem alles zu dem Lernprogramm gespeichert war öffnen, das Icon „index" suchen, dort dann drauf klicken, damit sich durch den Internetbrowser das E-Learning Programm öffnen konnte. Eine einfachere Lösung wäre wünschenswert gewesen, damit die Lernenden nicht erst eingewiesen werden mussten, um das Programm zu starten. So war der Ganze Vorgang etwas umständlich und befremdlich für die Nutzer. Ob es eine bessere Lösung gibt, kann durch fehlende IT-Kenntnisse leider nicht ermittelt werden.

3.5   Evaluation

Das Programm wurde von Praktikanten und Mitarbeitern getestet, da zu der Zeit nicht mehr als drei Praktikanten in der Institution beschäftigt waren und dies als Evaluationsergebnis doch wenig aussagekräftig gewesen wäre. Als Evaluationsmethode wurde eine Online Umfrage gewählt. Passend zum E-Learning Programm, da dies auch Online ablief. Zum Schluss des Lernprogramms wurde auf einen Link hingewiesen, der zur Online Umfrage führte. Die Online Umfrage hat den Vorteil, dass die Ergebnisse der Umfrage für den Entwickler des Lernprogramms über prozentuale Tellerdiagramme quantitativ und schematisch angezeigt werden. Das E-Learning Programm wurde insgesamt von 10 Personen getestet. Es wurde darauf wert gelegt, dass die Lernenden nicht unter Zeitdruck standen oder von der Arbeit gestresst waren. Diese Einflüsse hätten das Ergebnis von vornherein beeinflussen und die Konzentration mindern können. Ebenso wichtig war eine ruhige Umgebung ohne Störgeräusche oder Ablenkungen durch andere Mitarbeiter oder Bewohner. Dies unterband man, indem der Seminarraum der Institution, der sich im gleichen Gebäude befindet, als Lernraum zu nutzen. Nachdem die 20 Personen das Lernprogramm absolvierten, konnten die Ergebnisse der Online Umfrage ausgewertet werden. Die Auswertung und die dazugehörigen Fragen sind im Anhang ersichtlich.

Das Fazit daraus ist, dass das E-Learning Programm gut angenommen wurde. Für einen ersten E-Learning Versuch in der Institution Altersheim, war zunächst zu erwarten, dass die neue Methode nicht genügend akzeptiert wird, da die traditionelle Form der Fortbildung den Mitarbeitern in diesem sehr Praxisbezogenen Beruf sinnvoller erscheint. An den Ergebnissen ist auch erkennbar, dass sich doch etwa ein viertel der Lernenden Blended Learning optimaler finden. Um die Effektivität der Implementierung von E-Learning genauer zu bestimmen, müsste eine wissenschaftliche Beobachtung über einen längeren Zeitraum mit regelmäßigen Befragungen der Mitarbeiter stattfinden. Erst dann kann man den Lerneffekt präziser benennen, ob das E-Learning Programm und die gelernten Inhalte auch in der Praxis berücksichtigt wurden. Des weiteren ist eine gewisse Eingewöhnungsphase für eine neue Lernmethode sinnvoll.

4. Projektmanagement

Projektmanagement bezüglich E-Learning ist nicht einfach zu kombinieren, da die Prinzipien des E-Learning mit der Struktur und Planung des Projektmanagements verbunden werden muss, damit als Ergebnis die Führungskräfte und die Lerner mit dem vereinbarten Ziel zufrieden sind (Pasian, B. & Woodill, G. (2005). Best practices in elearning project management. In P. Kommers & G. Richards (Eds.), *Proceedings of World Conference on Educational Multimedia, Hypermedia and Telecommunications 2005* (pp. 289-291). Chesapeake, VA: AACE. Retrieved January 24, 2014 from http://www.editlib.org/p/20095.).

Projektmanagement besteht aus vielen Prozessen und Tools die innerhalb eines Projektes angewendet werden. Die vier Hauptprozesse die den roten Faden der Projektplanung bilden sind Initiierung, Planung, Steuerung und Abschluss. Diese Hauptprozesse werden von fünf Kerntools begleitet, auf die bei den Erläuterungen näher eingegangen wird. Jeder dieser Prozesse ist nochmal in mehrere Unterkategorien aufgeteilt auf die dann in den nächsten Punkten näher eingegangen wird. Allerdings werden die Unterkategorien nicht alle angeschnitten, da für die Dauer und Größe des Projektes nicht alle relevant waren oder zeitlich bearbeitet werden konnten. Beim durchlaufen dieser vier Hauptprozesse muss man kontinuierlich mit ungeplanten Risiken und Änderungen rechnen die außerplanmäßig gemanagt werden müssen. Des weiteren muss man auch die Stakeholder[1] managen. Das hier verwendete Modell zur Projektplanung ist ein Meilenstein Phasenmodell. Vorteil eines Projektmanagements ist, dass alle Entscheidungen und Vorgehensweisen transparent und nachvollziehbar sind (Drews, Hillebrand, 2007, S.14).

---

1 Interessengruppe

11

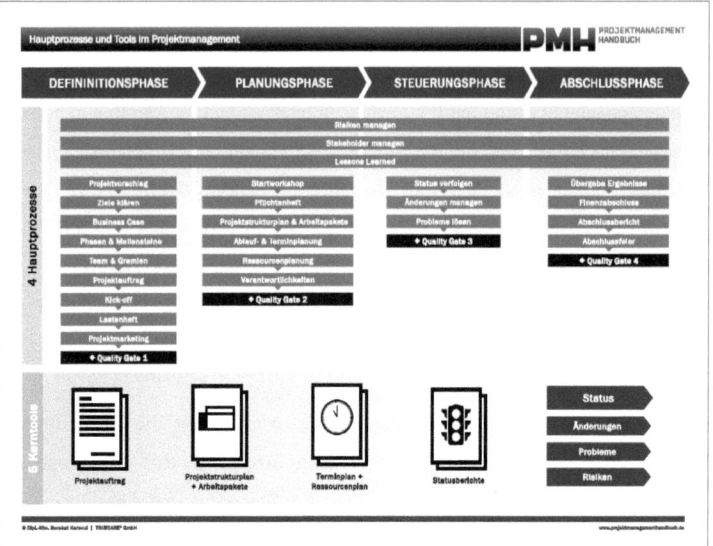

Abb.2: Modell der Hauptprozesse und Tools im Projektmanagement (www.Projektmanagementhandbuch.de)

4.1 Initiierung

Projektidee

Innerhalb der Initiierungsphase wird zunächst die Projektidee erstellt. Die Idee zum Projekt wurde durch Beobachtungen der erlebten Arbeitssituation, in der sich ein Defizit bei den Praktikanten und denen die ein Freiwilliges soziales Jahr ableisten, hergeleitet. Dieses Defizit bestand darin, unerfahren und unsicher im Umgang mit demenzkranken und deren möglichen herausfordernden Verhalten zu sein.

Ziel Klären

Der nächste Schritt ist, dass Ziel des Projektes zu klären. Vorerst wurde in Eigenarbeit das Ziel formuliert und in Absprache mit der Hausleitung abgesegnet.

Als Ziel wurde festgelegt, den Praktikanten und FSJ[2] leistenden die Krankheit Demenz näher zu erläutern und so ein besseres Verständnis für das Verhalten der Be-

---

2 Freiwilliges soziales Jahr

wohner zu erzielen. Außerdem sollen Methoden aufgezeigt werden, die helfen demenzkranken den Aufenthalt in einer stationären Altenhilfe angenehmer zu gestalten und möglichen Leidensdruck zu lindern. Auch der Umgang mit herausforderndem Verhalten soll gestärkt werden um mehr Handlungskompetenz zu erwirken.

Projektauftrag

In erster Linie wird von dem Auftraggeber ein Auftrag erteilt, welches Projekt zu realisieren gilt. In Absprache mit der Hausleitung wurde der Projektauftrag formuliert. Mit Blick auf den bildungswissenschaftlichen Aspekt, den das eigen geleistete Projekt haben soll wurde festgelegt, dass ein E-Learning Programm mit den zuvor erklärten Zielen geplant, durchgeführt und anschließend evaluiert wird. Das Thema des E-Learning Programms soll dabei *„Empfehlung zum Umgang mit herausforderndem Verhalten bei Menschen mit Demenz"* sein und bei der Planung beachtet werden.

Damit wäre der erste Hauptprozess abgeschlossen und auch das Kerntool Projektauftrag geklärt (Projektmanagement-Handbuch, S.14-16).

4.2   Planung

Die Planung ist einer der wichtigsten Schritte innerhalb des Projektmanagements. Innerhalb dieses Prozesses wird ein Projektstrukturplan erstellt und Arbeitspakete gebildet. Diese Bilden auch den zweiten Kerntool. Mit dem Projektstrukturplan wird ein zeitlicher Rahmen für das Projekt erstellt. Innerhalb dieses Projektes war der Zeitplan vorab festgelegt und betrug drei Wochen oder hundertzwanzig Arbeitsstunden. Doch auch diese Zeitbeschränkung musste grob eingeteilt werden um die Realisierung des Projektes zu gewährleisten. Der Zeitplan wurde wie folgt eingeteilt (Projektmanagement-Handbuch, S.18-20):

In der Zeitspanne von 21 Tagen:

1.-2. Tag: Kennen lernen des Betriebes, Beobachtungen bezüglich der Arbeit mit dem Fokus auf das Projekt

3.-4. Tag: Ressourcenplanung; Literatur sichten, Programm zur Erstellung des E-Learning Programms finden, Informationen bei den Mitarbeitern sammeln

5.-15. Tag: Beteiligung der Bewohnerbetreuung, anhand des Projektmanagements das E-Learning Programm entwickeln

16.-21. Tag: Beteiligung an der Beschäftigung der Bewohner, Implementierung des E-Learning Programms mit anschließender Evaluation, abschließendes Reflektionsgespräch mit der Hausleitung

4.3   Steuerung

Bei der Steuerung eines Projektes erfolgt die Statusabfrage wann das Projekt fertig gestellt wird und wie weit man ist. In diesem Fall wurde dies von der Heimleitung durchgeführt mit der Nachfrage, ob das Lernprogramm rechtzeitig fertig wird. Außerdem sind mögliche auftretende Probleme zu klären. Diese bestanden in der Klärung der technischen Möglichkeiten zur Implementierung des E-Learning Programms (Projektmanagement-Handbuch,S.22).

4.4   Abschluss

Der Abschluss eines Projektes zeigt, wie gut das Projektmanagement geführt wurde, ob alles im zeitlichen Rahmen geblieben ist und das Projekt zur Zufriedenheit des Auftraggebers erstellt wurde. Es werden abschließend die Ergebnisse vorgelegt. Da das Projekt zur Zufriedenheit der Heimleitung geführt wurde,alles im zeitlichen Rahmen blieb und die Ergebnisse vorgelegt wurden, war das Projektmanagement gut geführt (Projektmanagement-Handbuch, S.26).

Projektmanagement hatte innerhalb des absolvierten Praktikums einen hohen Stellenwert, da es zur Planung des Projektes sehr hilfreich war, eine geordnete Abfolge der zu beachtenden Punkte zu Erstellung Durchführung und Evaluation des E-Learning Programms bot. Des weiteren hat es die einzelnen Planungsschritte für das Unternehmen transparent und nachvollziehbar gemacht. Um den Überblick nicht zu verlieren und die Zeit sinnvoll einzuplanen bei der Fülle von diversen Handlungen wirkte es unterstützend.

5. Qualitätssicherung

Die Qualitätssicherung innerhalb eines Projektes ist ein wichtiger Bestandteil und befasst sich mit der Sicherung und Überprüfung der Qualität einer multimedialen Lernumgebung. Es bewirkt, dass die Lernenden eine hohe qualitative Weiterbildung bekommen und die Unternehmensführung qualitativ gutes Personal erhält.

Qualitätssicherung sollte während eines Projektes in der Phase des Entwicklungsplanung eingesetzt werden, um dort möglichst Fehler zu beheben um die Qualität zu gewährleisten.Es gibt drei Methoden bei der Qualitätssicherung. Zum einen Durch Beobachtungen, zum anderen durch Test und zum Schluss durch Befragungen (Friedrich, Eigler, Mandl, Schnotz, Schott, Seel (Hrsg.), 1997, S.269 ff.).

Zielpräzisierung

Die Qualitätssicherung wird in mehrere Phasen gegliedert. Während der Planungsphase des Projektes, besteht die Qualitätssicherung in der Zielpräzisierung. Dieser Vorgang dient der Fokussierung auf das Ziel des geplanten Projektes und soll bestimmten Kriterien entsprechen, damit die benannten Ziele im nach hinein operationalisieren kann und auf die gewünschte Zielerreichung überprüfen kann. Die Ziele für eine multimediale Lernumgebung können wie folgt eingeteilt sein:

- unmittelbare Trainingsziele (Lernprozess, Lernerfolg)
- Ziele am Arbeitsplatz (Transfer)
- Unternehmensziele

Um die unmittelbaren Trainingsziele zu präzisieren, können Experten, Weiterbildner oder eine Analyse von Dokumenten heran gezogen werden (Friedrich, Eigler, Mandl, Schnotz, Schott, Seel (Hrsg.), 1997, S.307-309). Im Fall des geplanten Projektes wurde das unmittelbare Ziel von der Projektleitung und der Hausleitung formuliert. Der Lernprozess soll eine Anregung bei den Lernenden bewirken, die Bewohner aus einem anderen Blickwinkel zu betrachten und die Arbeitsabläufe im direkten Kontakt mit dem Bewohner zu reflektieren.

Die Ziele am Arbeitsplatz zu konkretisieren sind für die späteren Arbeitsabläufe

bei einer erfolgreichen Wissensvermittlung anhand einer multimedialen Lernumgebung von bedeutender Wichtigkeit. Diese können durch Analyse von Dokumenten, Beobachtungen am Arbeitsplatz und/oder durch Befragungen der Stelleninha-
ber , der Vorgesetzten und der Weiterbildner erfolgen (Friedrich, Eigler, Mandl,
Schnotz, Schott, Seel (Hrsg.), 1997, S.308). Im Projekt wurde das Ziel am Arbeitsplatz durch Beobachtungen neuer Mitarbeiter im Arbeitsablauf gesetzt.

Es besteht darin die Umsetzung der Methoden im Umgang mit herausforderndem
Verhalten bei Menschen mit Demenz und das abstrahieren zwischen der subjektiven Realität und der subjektiven Realität des anderen, in dem Falle des Demenzkranken Bewohners zu bewirken.

Bei den Unternehmenszielen kann ebenso eine Analyse von Dokumenten helfen
oder die Befragung des Managements und der Unternehmensleitung. Es wurde die
Unternehmungsleitung zur Festsetzung der Unternehmensziele hinzu gezogen.
Die Unternehmensziele bestehen darin den Mitarbeitern mehr Handlungskompetenz zu ermöglichen und den Bewohnern einen angenehmeren und verständnis-
volleren Umgang zwischen ihnen und den Mitarbeitern zu realisieren, damit sie
sich in dem Altersheim wohlfühlen (Friedrich, Eigler, Mandl, Schnotz, Schott,
Seel (Hrsg.), 1997, S.308 ff.).

Entwicklungsphase

In der Entwicklungsphase werden der Inhalt, die Didaktik und die Medienwahl
der multimedialen Lernumgebung durch Experten festgelegt. In dieser Phase werden die Inhaltlichen Punkte überprüft. Dort findet dann auch die formative Evaluation statt. Durch die können Fehler der multimedialen Lernumgebung vor der
Implementierung behoben werden. Stimmt das Lernmaterial mit dem gesetzten
Zielen überein? Ist die Didaktik auf die Lernziele abgestimmt? Harmoniert die
Medienwahl mit dem Text? Ist der Text für die Lernenden verständlich (Friedrich,
Eigler, Mandl, Schnotz, Schott, Seel (Hrsg.), 1997,S.310 ff.)? Die Didaktik wurde
nach reiflicher Überlegung in Form des situierten Lernens gewählt. Dass Cognitive Apprenticeship befasst sich mit Handlungsabläufen, damit der Lernenden die
einzelnen Teilschritte sieht. Es soll die Theoretische Bildung unterstützen und
dem Lernenden anschaulich die Handlungsabläufe zeigen und auch selbst mit stei-

gender Kompetenz die Aufgaben zunächst mit Unterstützung des Lehrenden und dann nur durch Beobachtung des Lehrenden die Handlungsabläufe bestreiten lassen. Es ist ein sozial-konstruktivistischer Ansatz. Das Modell gliedert sich in mehrere Methoden:

-Modellieren (modeling)

-Anleiten (coaching)

-Scaffolding and fading (unterstützten und ausblenden)

-Reflexion

-Exploration

(Friedrich, Eigler, Mandl, Schnotz, Schott, Seel (Hrsg.), 1997, S.100).

In der multimedialen Lernumgebung wurden diese Phasen nach Möglichkeit berücksichtigt. Dass Modeling wurde durch ein Video abgedeckt, dass die Handlung in einer konkreten Problemsituation vorführt. Jedoch gab es keine individuelle Unterstützung durch den Lehrenden, da das E-Learning Programm nicht interaktiv war, sondern ein Web Based Training ohne Interaktionen. Unterstützende Hilfestellung gab es nur durch vorher festgelegte Feedback Kommentare, um den Lernenden Musterlösungen zu präsentieren oder durch Richtig und Falsch Einblendungen bei den Multiple Choice Aufgaben. Auch das betreute Beobachten war schwierig zu verwirklichen und wurde durch erneute Feedback Kommentare versucht zu ermöglichen. Zusammenfassend ist zu sagen, dass der Inhalt des Lehrprogramms angemessen und ausreichend war, jedoch das umsetzen des Cognitive Apprenticeship nicht ganz geglückt ist. Mit mehr Vorbereitungszeit und einem fundierten Wissen im Umgang mit dem Erstellungsprogramm, wären bessere Darstellungsmöglichkeiten und noch effizienteren Aufgaben möglich gewesen. Vom Layout her ist das Lernprogramm zufriedenstellen gewesen. Das dezente grün war für das Thema ansprechend und lenkte die Lerner nicht vom wesentlichen Lerninhalt ab. Der Text ist verständlich ausgedrückt und die Gliederung nachvollziehbar gewesen. Die Darstellung im Text wirkt stimulierend, da jedes neue Thema mit Überschriften und kleinen Symbolen versehen war. So wurde zu Anfang das Ziel des Lernprogramms benannt und dafür erschien in der Überschrift das Symbol einer Zielscheibe. Auch die Videos waren didaktisch gut gewählt und besitzen eine hohe Informationsdichte, eine gute Realitätsnähe und eine hohe Anschaulichkeit.

Das erste gezeigte Video wurde nach den allgemeinen Definitionen und Informationen eingesetzt, zum Einstieg der Identifikation mit den Problemen im Arbeitsfeld innerhalb eines Altersheimes. Das zweite Video wurde zur Erläuterung der Methode Validation eingesetzt. Zur Vertiefung und Informationsvermittlung. Die Methode der Validation wird veranschaulicht und Situationsbezogen dargestellt. Der Lerner kann somit die Methode für sein Arbeitsfeld gut anwenden und sich mit den dort dargestellten Situationen identifizieren (Friedrich, Eigler, Mandl, Schnotz, Schott, Seel (Hrsg.), 1997, S.100-103).

Wirkungsanalyse

Zur formativen Evaluation zählt auch die Wirkungsanalyse in der überprüft wird, in der die Akzeptanz, der Lern-Lehrerfolg und der Transfer überprüft werden. Die Akzeptanz der Lerner dem Lernprogramm gegenüber war gegeben. Die Inhalte waren gut gewählt und die Gestaltung angemessen. Jedoch wünschten sich einige Blended Learning anstatt ein komplettes E-Learning für eine Weiterbildung. Die Erwartungen an das Lernprogramm wurden somit teilweise erfüllt. Eine Weiterbildung mit praktischen und theoretischen Anteilen wäre angebrachter. Für den Arbeitsplatz war das Multimediale Lernprogramm der Befragung nach gelungen. Als Output ergibt sich eine Veränderung im Denken für die Handlungskompetenz. Somit wurde das Lernziel durchaus erreicht. Inwiefern das erlernte auch in der Praxis umgesetzt wird, kann durch die hier eingesetzte Evaluationsmethode nicht gesagt werden, da die Online Umfrage im direkten Anschluss des E-Learning Programms erfolgte und eine weitere Befragung nach einer gewissen Zeit stattfinden müsste um den Transfer- Analyse und Effizienz-Analyse durch zu führen (Friedrich, Eigler, Mandl, Schnotz, Schott, Seel (Hrsg.), 1997, S.312-316).

Kosten-Nutzen Analyse

Bezüglich des Kosten-Nutzen Verhältnisses kann der Nutzen erst durch eine weitere Befragung erfolgen, in der zwischen Anwendung des Lernprogramms und einer zweiten Evaluation eine gewisse Zeitspanne vergangen ist, damit ein Transfer des gelernten satt finden kann. Eine Kosten Analyse ergibt, dass keine Kosten für die Erstellung des E-Learning Programms entstanden sind. Die verwendeten Programme sind Open Source Programme und somit kostenlos. Man kann nur die

Zeit berechnen, die das Projekt für die Erstellung, Durchführung und Evaluation in Anspruch genommen hat. Ebenso kostete die Mitarbeiter das durchlaufen des Lernprogramms Zeit, die aber in Relation mit dem gelernten laut der Online Umfrage im Rahmen war (Friedrich, Eigler, Mandl, Schnotz, Schott, Seel (Hrsg.), 1997, S.316-318).

6. Evaluation

Wichtig für jedes Projekt ist es, diese auch zu evaluieren, um die Nützlichkeit des Projektes und die Ergebnisse zu ermitteln. Außerdem bietet die Evaluation ein gutes Feedback zum geleisteten Projekt und zur Eigeneinschätzung der Fähigkeiten und der eigenen Profession. Es gibt zwei Formen der Evaluation. Zum ersten die formative Evaluation, die bereits in der Entwicklungsphase zum Einsatz kommt. Dort können durch Stichproben ausgewählter Personenkreise Fehler behoben werden und das multimediale Lernprogramm korrigiert werden. Zum zweiten die summative Evaluation, die das Endergebnis des Lernprogramms bildet. Im Falle des hier beschriebenen Projektes in Form der Erstellung eines E-Learning Programms als Weiterbildung für ein Altersheim, wurde zur Evaluation zum Schluss des Programms eine Online Umfrage integriert. Diese besticht durch einen Umfragebogen mit geschlossenen Fragen. Nachteil an dieser Methode ist, dass die Antworten vorgegeben sind. Es wurden ausgewählte Fragen erstellt deren Funktion war die Nützlichkeit des Programms und auch Nutzbarkeit heraus zu stellen. Die Auswertung des Online Fragebogens hat folgendes ergeben:
80 Prozent fanden das Lernprogramm ansprechend, 20 Prozent meinen man hätte mehr draus machen können. 90 Prozent der Teilnehmer empfanden die Informationen genau richtig und 10 Prozent empfanden sie als zu viel. Alle Teilnehmer würden das Lernprogramm ihre Mitarbeitern weiter empfehlen. 10 Prozent der Lerner finden das Lernprogramm sehr nützlich, 40 Prozent als nützlich und 50 Prozent für brauchbar. 40 Prozent wünschten sich für das Thema eher Blended Learning, sprich teils E-Learning und teils Präsenzfortbildungen und 60 Prozent empfanden das E-Learning Programm als zufrieden stellend und ausreichend als Fortbildungsmaßnahme. 60 Prozent hätten gerne mehr E-Learning als Fortbildungsmethode, 30 Prozent können es sich gelegentlich gut vorstellen und 10 Pro-

zent können es sich in Verbindung mit Präsenzphasen vorstellen. 80 Prozent der Teilnehmer sind der Meinung, dass das Programm gut strukturiert war, 20 Prozent halten es für Verbesserungswürdig. Somit ergibt sich das Fazit, dass Blended Learning in einem so Praxisbezogenen Beruf eher von Vorteil ist, aber E-Learning gerne angenommen wird als zusätzliche Fortbildungsmethode. Es ergibt sich, dass das Lernprogramm gut strukturiert wurde, aber teilweise Verbesserungswürdig ist. Leider wird aus der Befragung nicht ersichtlich, was verbessert werden könnte. Hier wurden die Fragen schlecht gewählt.

Nach der Evaluation folgt die Auswertung der Ergebnisse. Die Auswertung kann mehrere Verwertungen beinhalten und kombiniert werden. In diesem Fall dienst die summative Evaluation der entwicklungsorientierten Verwertung (Nuissl, 2013, S71). Ob das Programm leicht zu handhaben war, der Aufbau logisch erschien, dass Programm weiter empfohlen werden kann, es Verbesserungsvorschläge gibt und ein Lerneffekt entstanden ist (Friedrich, Eigler, Mandl, Schnotz, Schott, Seel (Hrsg.), 1997, S.295,315). Zur Auswertung siehe Anhang.

7.   Fazit und Ausblick

Im Hinblick auf das Spannungsfeld von Theorie und Praxis ist zu sagen, dass ein Praktikum die stärken und schwächen einer bildungswissenschaftlichen Profession gut aufzeigen kann. Hinsichtlich des Praktikums und einer eigenständigen Projektleitung ist einem bewusst geworden, dass die Verbindung von Theorie und Praxis in der Umsetzung gar nicht so reibungslos von statten geht. Es wird klar, dass für eine Profession in seinem Beruf mehr Praxiserfahrung von Nöten ist und auch das bisherige theoretische Wissen nicht ausreicht, um eigenständig ein Projekt in vollem Umfang und Zufriedenheit zu leisten. Es musste noch viel an theoretischem Wissen in Eigenarbeit erarbeitet werden um das jeweilige individuelle Projekt im Praktikum durch zu führen. Auch die Praxis bot einige Stolpersteine, wo einem bewusst wird, dass einiges an Erfahrung in der Handhabung mit Programmen zur Entwicklung eines E-Learning Programms fehlt. Durch die Evaluation wurde ersichtlich, dass das entwickelte Lernprogramm durchaus sinnvoll war und gut von den Mitarbeitern akzeptiert wurde. Das Praktikum war ein guter Einblick in die Profession eines Bildungswissenschaftlers und konnte erste Eindrücke bezüglich der benötigten Handlungskompetenz verschaffen. Es wurde überaus deutlich, dass Theorie und Praxis ineinandergreifen und Praxiserfahrung in dem Beruf ein wichtiger Bestandteil für die Profession eines Bildungswissenschaftlers ist.

Literaturverzeichnis

- Drews, G., Hillebrand, N., Lexikon der Projektmanagement-Methoden, München, Haufe Verlag, 2007

- Friedrich, H. F., Eigler, G., Mandl, H., Schnotz, W., Schott, F., Seel, N. M., Multimediale Lernumgebungen in der betrieblichen Weiterbildung-Gestaltung, Lernstrategien, und Qualitätssicherung, Neuwied, Luchterhand Verlag, 1997

- Jost, MB, Mumma, P. & Willis, J. (1999). R2D2: Eine konstruktivistische /Interpretivist Instructional Design Modell. In J. Price et al. (Hrsg.), *Proceedings der Society for Information Technology & Teacher Education International Conference 1999* (S. 1489-1494). Chesapeake, VA: AACE. Abgerufen 23. Januar 2014 von http://www.editlib.org/p/8201

- Kerres, M., (2012), Mediendidaktik- Konzeption und Entwicklung mediengestützter Lernangebote. München: Oldenbourg Verlag

- Lehmann, S. A., (2007).Strategien und Möglichkeiten zur Implementation von E-Learning im Unternehmen-Theoretische und praktische Ansätze in der Aus-und Weiterbildung, Berlin, Logos Verlag

- Nuissl, E., (2013), Evaluation in der Erwachsenenbildung-Studientexte für Er wachsenenbildung, Bielefeld, Bertelsmann Verlag

- Pasian, B. & Woodill, G. (2005). Best practices in elearning project manage ment. In P. Kommers & G. Richards (Eds.), *Proceedings of World Conference on Educational Multimedia, Hypermedia and Telecommunications 2005* (pp. 289-291). Chesapeake, VA: AACE. Retrieved January 24, 2014 from http://www.editlib.org/p/20095.

- Projektmanagement-Handbuch für Projekte der Leibniz Universität Hannover, Herausgeber: Der Präsident der Leibniz Universität Hannover 2009

Abbildungsverzeichnis